U0908612

MENGZHOU WENWU TUJIAN

孟州文物图鉴

孟州市博物馆　编

中州古籍出版社
·郑州·

图书在版编目（CIP）数据

孟州文物图鉴 / 孟州市博物馆编. —郑州：中州古籍出版社，2018.11
ISBN 978-7-5348-8060-5

Ⅰ. ①孟… Ⅱ. ①孟… Ⅲ. ①文物—孟州—图集
Ⅳ. ①K872.614.2

中国版本图书馆CIP数据核字(2018)第240640号

孟州文物图鉴

责任编辑：高林如
责任校对：钟　舟
美术设计：陆　胜
出　　版：中州古籍出版社
地址：河南省郑州市经五路66号
邮编：450002
电话：（0371）65788693
发　　行：全国新华书店
印　　刷：郑州市毛庄印刷厂
开　　本：787mm×1092mm　1/16
印　　张：11.75
版　　次：2018年11月第1版
印　　次：2018年11月第1次印刷
定　　价：120.00元

编委会

目 录

前 言

习近平总书记在中国共产党第十九次全国代表大会上指出：要“加强文物保护利用和文化遗产保护传承”，“推动文化事业和文化产业发展”。

文物是人类历史发展过程中留下的遗迹，是历史遗留下来的有价值的文化遗产。各类文物从不同的侧面反映了各个历史时期人类的社会活动、社会关系、意识形态，反映了不同时期的生态环境状况，以及人类利用自然、改造自然的成果。文物在历史的长河中熠熠生辉，薪火相传，它不可再生，不可取代，以特殊的和生动直观的形式阐释着其它行业无法替代的功能。一个地方的馆藏文物，是人们了解这个地域文化的重要载体，对弘扬民族文化，促进社会与经济发展起着巨大的推动作用。

孟州地处中原，历史悠久，人杰地灵，文化源远流长，自古以来就是人类活动的重要场所。据考古查证，孟州有距今7000多年的裴李岗文化遗址，有新石器中晚期的仰韶文化和龙山文化遗址。数千年来，我们勤劳勇敢的祖先在这片土地上繁衍生息，创造了博大精深的中华文明，谱写了神州大地的壮丽篇章，为我们留下了不可胜数的文物古迹和文明瑰宝。然而在旧中国，由于灾荒战乱，这些人类文化的宝贵遗产或遭焚毁，或被盗窃，或受自然侵蚀，或零落于荒郊野岭。

1949年以后，新环境为文物工作开辟了广阔的道路，文物受到国家的保护。孟县也和全国其他地区一样，对文物征集和保护工作十分重视。孟县文化馆配备专职人员，在全县进行文物普查和征集，文物考古工作取得了令人瞩目的成就。从解放初到1957年，孟县的文物工作在平原省、河南省年年被评为先进，多次受到省文物主管部门的表扬。当时孟县的馆藏文物已达数百件。孟县先后举办了各种类型的文物展出，受到广大参观者的普遍好评。

“文化大革命”中，文物被列为所谓的“四旧”，陶器、瓷器等文物被砸毁，古书典籍被焚烧，文物干部被下放回家，文物管理混乱无序。

党的十一届三中全会以来，孟县在文物保护、科研和博物馆建设等方面都取得了可喜成绩。1992年孟县博物馆成立，1996年孟县撤县建市，孟县博物馆更名为孟州市博物馆。博物馆成立后，孟州市馆藏文物的管理、展示、科研等工作逐步走上了正规化的道路，馆藏文物数量不断增多，质量品位不断上升。

今日的孟州市博物馆，坐落于孟州市北环路西段，占地面积10560平方米，建筑面积1000平方米，为孟州市唯一一家国有综合性博物馆。馆内收藏有石器、陶器、瓷器、铜器、骨器、铁器、书画、玉器等各类文物2914件（套），其中藏有国家二级品文物31件（套），三级品文物668件（套），文物藏品历史跨度大，连续性强，具有鲜明的地方特色。许多珍贵的文物古迹，已经成为向广大群众进行爱国主义、历史唯物主义和革命传统教育的生动教材。

习近平总书记在中国共产党第十九次全国代表大会上指出："中国特色社会主义文化，源自于中华民族五千多年文明历史所孕育的中华优秀传统文化。"并强调，要推动中华优秀传统文化创造性转化、创新性发展。为了贯彻习总书记的讲话精神，调整新时代文物事业发展的思路，开创孟州市文物工作的新局面，满足我市人民对物质文化的需求，孟州市博物馆特编辑出版《孟州文物图鉴》。通过这些馆藏文物，人们可以跨越历史的时空，遥想那曾经的沧海桑田，了解孟州的历史和先辈们的生产活动以及文化活动，感悟真、善、美的生命真理，激励人们开拓创新，不断奋进。

历史长河，奔腾不息。希望这本图册所展现的珍贵文物，能带领大家穿越时空，能让我们的目光贯穿古今，饱览内涵丰富的文化遗产，增加历史知识和民族凝聚力，增强人们保护祖国历史文化的责任心与自豪感，促进孟州古文化的交流，促进孟州的大发展和大繁荣。

石器

石耒

新石器时代裴李岗文化时期
长21.00厘米，宽9.80厘米，厚2.00厘米。
上端为柄，下端双面刃，通体磨光。

石耜

新石器时代裴李岗文化时期
长29.00厘米，宽20.40厘米，厚2.30厘米。
双面刃，通体磨光。

石耜

新石器时代裴李岗文化时期
长21.80厘米，宽14.10厘米，厚2.30厘米。
椭圆形，双面刃，通体磨光。

石磨盘

新石器时代裴李岗文化时期

长19.20厘米，宽18.50厘米，厚2.50厘米，足径5厘米，高2.50厘米。

完整器形为鞋底状，底有四足，目前仅存一角。

单孔石镰

新石器时代龙山文化时期
长11.00厘米，宽4.70厘米，厚0.90厘米。
弓背凹刃，背部有单钻穿孔，通体磨光。

单孔石刀

新石器时代龙山文化时期
长10.00厘米，宽5.50厘米，厚0.40厘米。
双面刃，刀身有对钻穿孔，通体磨光。

双孔石铲

新石器时代龙山文化时期
长13.50厘米，宽8.10厘米，厚1.30厘米。
单面刃，铲身两个单钻穿孔，通体磨光。

单孔石铲

新石器时代龙山文化时期

长11.70厘米，宽7.20厘米，厚2.40厘米。

双面刃，铲身有对钻穿孔，通体磨光。

石斧

新石器时代龙山文化时期

长17.00厘米，宽6.50厘米，厚4.00厘米。

双面刃，刃部较宽，通体磨光。

石臼

新石器时代龙山文化时期
长19.00厘米，宽7.00厘米，臼头直径705.00厘米。
上端为柄，下端为椭圆形臼头。

石纺轮

新石器时代龙山文化时期
直径7.10厘米，孔径2.40厘米，厚1.60厘米。
圆形，中心有对钻穿孔，通体磨光。

司马悦墓志

北魏

志石长108.00厘米，宽78.00厘米，厚12.00厘米。

长方形，正书，纵22行，足行33字。

司马悦，字庆宗，司州河内温县都乡孝敬里人，征南大将军、贞王司马楚之孙，吏部尚书、康王司马金龙第三子。司马悦在南北朝斗争中，大战义阳三关（均在信阳）。永平元年（508），被叛军杀害。该墓志书法形体刚健，结构紧密，气均力匀，俊逸拙雅。与著名的“龙门十二品”十分相似，属魏碑体中之上品。

司马达墓志

东魏武定二年（544）

志石长46.20厘米,宽46.00厘米，厚9.00厘米。

正方形，楷书，纵13行，足行17字。

司马达为“晋帝之胤”，是晋帝的后嗣。曾任河内郡功曹，沁水、平皋、怀县县令。于兴和二年（540）十月五日因难卒，享年35岁。

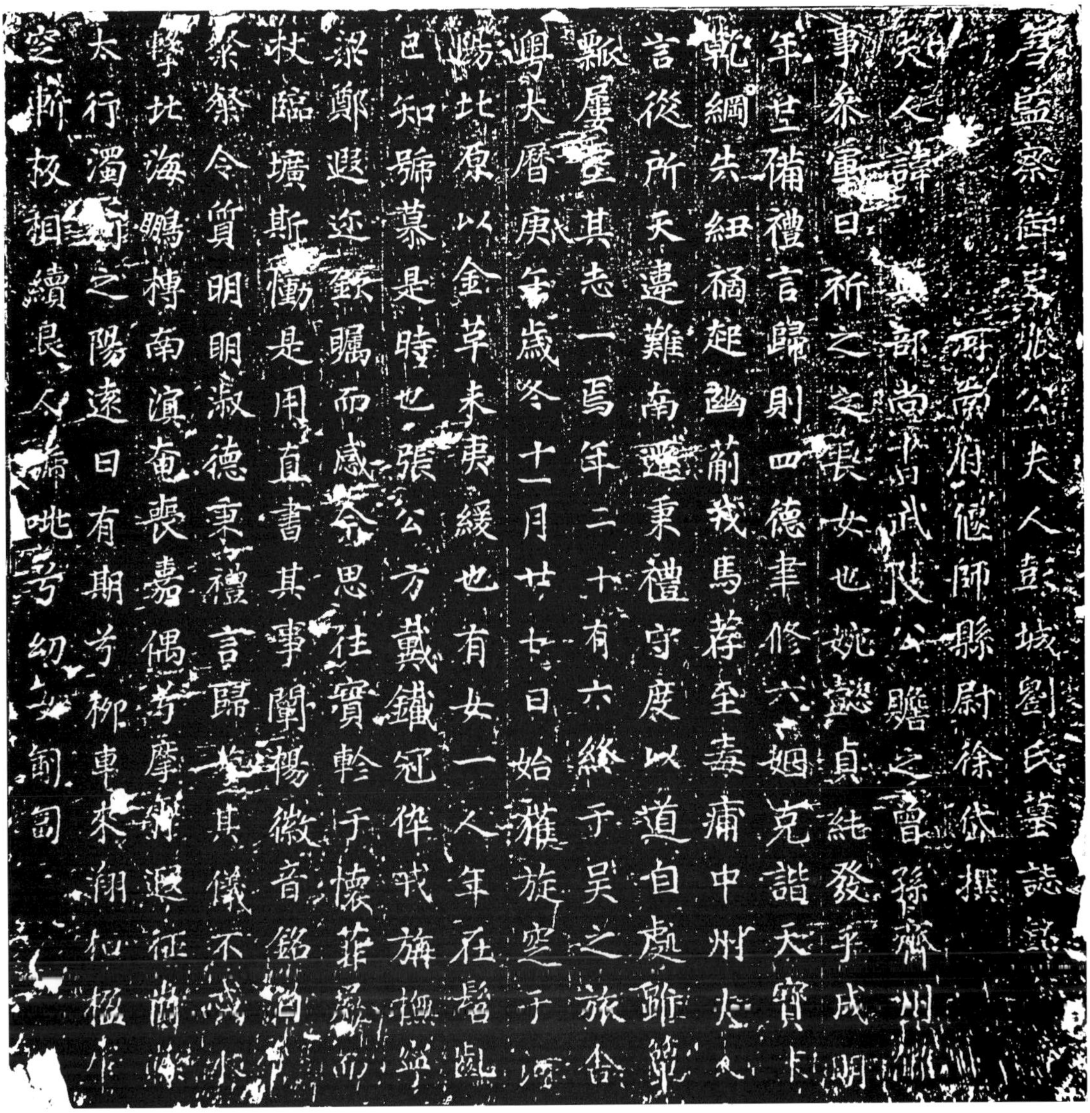

张公夫人刘氏墓志

唐大历十三年（778）

志石长45.40厘米，宽44.80厘米，厚9.80厘米。

正方形，正书，纵17行，足行18字。

刘氏系唐监察御史张建封夫人。年二十有六终于逃难途中吴地旅舍，大历戊午岁（778）冬十一月廿七日，葬于河阳北原。

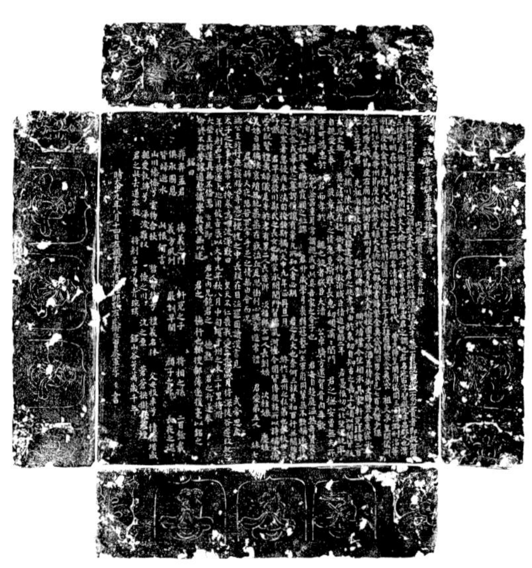

孟府君墓志

唐大中九年（855）

志石长57.80厘米，宽56.00厘米，厚14.60厘米；盖边长60.00厘米宽，厚16.70厘米。

长方形，分志、盖两部分。志正书，纵30行，足行40字。

盖上篆书：“大唐故孟府君墓志铭。”四刹阴刻花草纹图案。孟延古，字习风，祖籍平昌郡，族上世代为官，延古官居故河阳三城节度衙前兵马使朝散大夫检太子宾客。以大中九年（855）正月初一卒于孟州私第，享年33岁。

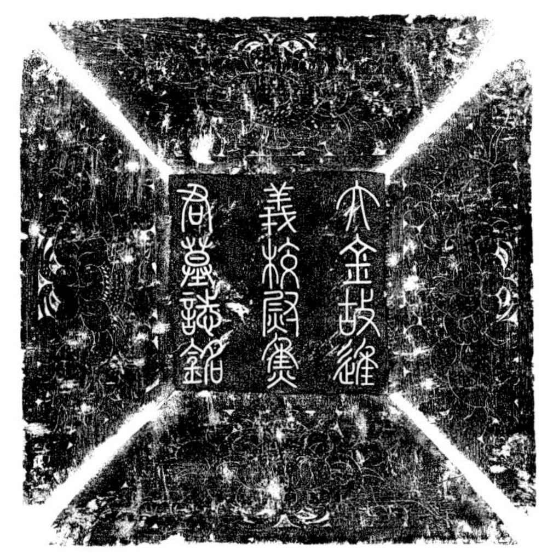

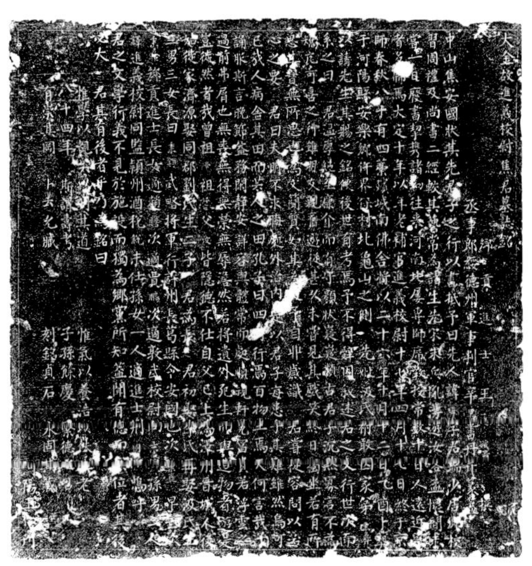

焦珪墓志

金大定十七年（1177）

志石边长52.10厘米，厚14.50厘米；盖边长52.00厘米，厚10.00厘米。

盖上篆文：“大金故进义校尉焦君墓志铭”。志正书，纵28行，足行28字。焦珪，字君瑞，为金代一名学者。大定十年（1170）以年老补官进义校尉。大定十七年（1177）四月十七日终于京师，享年84岁。大定二十六年（1186）十月十二日，迁葬于河阳县安乐乡仵界保村北龟山之侧。

宁玉墓志

元大德六年（1302）

志石长123.00厘米，宽104.00厘米，厚17.00厘米。

长方形，正书，纵38行，足行55字。

宁玉为元初的开国将领，跟随忽必烈南征北战，立下汗马功劳，后官居镇国上将军，吴江长桥行都元帅，沿海上万户。

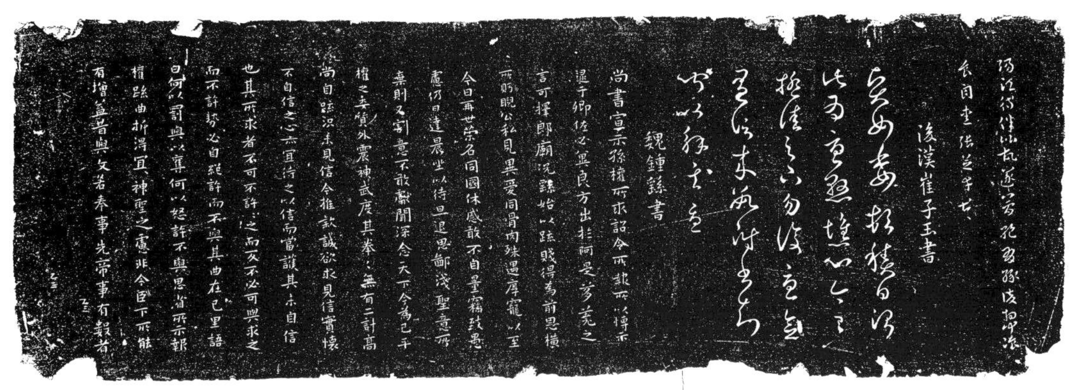

淳化阁帖之后汉崔子玉、魏钟繇书法刻石

淳化阁帖之晋王献之书法刻石

淳化阁帖刻石

明

《淳化阁帖》是中国最早的一部汇集各家书法墨迹的法帖，共10卷，收录了中国先秦至隋唐一千多年的书法墨迹，包括帝王、名臣和著名书法家等103人的420篇作品，被后世誉为中国法帖之冠和“丛帖始祖”。孟州市珍藏的淳化阁帖刻石，共25块，是目前发现的第五个版本的刻石。与上海博物院真宋本、萧府本进行逐一核对，在这25块刻石中，除第九卷没有刻石外，其余都有所保留。

唐韩文公故里碑

清同治癸亥年（1863）
高247.00厘米，宽75.00厘米，厚21.00厘米。
阴刻，上款书："同治癸亥夏"，下款："知孟县事叶世槐敬立"，
中间六个大字："唐韩文公故里"。

石瓮仲

宋

高218.00厘米，宽60.00厘米，厚34.00厘米。

头戴官帽，身着曲领宽袖官服，足蹬云头靴，颚下留长髯，手持笏板置于胸前，面部丰满，神情端详。

陶器

双系陶瓮

新石器时代仰韶文化时期

高48.50厘米，口径37.20厘米，底径14.50厘米。

敛口，方唇，斜腹，平底，素面。通体磨光，腹部有对称鋬手，上饰锯齿纹。

双系陶背壶

新石器时代仰韶文化时期

高27.50厘米，口径4.50厘米，腹径12.30厘米，底径8.00厘米。

子母口，弧腹，平底，腹部有对称的桥形耳。

绳纹陶鬲

新石器时代龙山文化时期

高8.30厘米，口径21.20厘米。

敞口，束颈，三袋足，分裆较宽，颈部以下饰绳纹。

绳纹陶斝

新石器时代龙山文化时期

高21.60厘米，腹径17.70厘米，口径21.50厘米。

敞口，束径，斜肩，折腹，圜底，三袋足。肩部以上素面，袋足饰绳纹。

绳纹陶甑

新石器时代龙山文化时期

高26.00厘米，口径10.00厘米，腹径24.20厘米，底径10.20厘米。

侈口，圆唇，束颈，弧腹，平底。上腹部磨光，饰四道凹弦纹，下腹部饰绳纹。

下腹和底各有18个和6个圆孔。

瓦足陶盘

新石器时代龙山文化时期

高14.00厘米，口径28.00厘米。

敞口，斜腹，平底。通体磨光，底部饰一道弦纹，四瓦足上有数道弦纹。

三足弦纹陶釜

汉

高13.40厘米，口径9.40厘米，腹径17.30厘米。

圆口，溜肩，寰底，三兽足，腹部有平沿，肩部有弦纹。

弦纹陶壶

汉

高22.40厘米，口径9.20厘米，腹径17.90厘米，底径9.30厘米。

侈口，斜肩，鼓腹，平底，肩部和腹部饰弦纹。

弦纹陶壶

汉

高48.10厘米，口径18.60厘米，腹径30.00厘米，足边长6.70厘米，高12.00厘米。

直口，斜肩，鼓腹。底足为八边形高圈足，外撇，肩部饰对称铺首衔环。

彩绘陶壶

汉

高39.20厘米，口径16.00厘米，腹径31.50厘米，底径15.50厘米。

盘形口，束颈，溜肩，鼓腹，平底。口部以下分饰红白彩三角纹、水波纹、曲线纹，肩部饰对称铺首衔环。

红绿釉弦纹陶壶

汉

高49.40厘米，口径18.00厘米，腹径37.50厘米，底径17.20厘米。

盘形口，束颈，溜肩，鼓腹，圈足。腹部以上饰绿釉，以下饰红釉。腹上饰弦纹，腹部有对称铺首。

红绿釉弦纹陶壶

汉

高28.00厘米，口径11.00厘米，腹径23.50厘米，底径12.00厘米。

钹形盖，子母口，束颈，溜肩，鼓腹，平底。腹部饰红釉，其它部分饰绿釉。

三足弦纹陶仓

汉

高28.30厘米，口径6.50厘米，腹径21.10厘米，底径11.50厘米。

圆口，圆唇，溜肩，直腹，寰底，三兽足，腹部饰三组弦纹。

红绿釉三足弦纹陶仓

汉

高28.70厘米，口径6.80厘米，腹径19.70厘米，底径7.50厘米。

圆口，圆唇，溜肩，直腹，平底，三兽足。肩至上腹部饰绿釉，下腹部饰红釉，底和三足无釉，腹部饰三组弦纹。

彩绘陶罐

汉

高23.50厘米，口径8.70厘米，腹径31.80厘米，底径16.40厘米。

圆口，圆唇，斜肩，鼓腹，平底。肩部与腹部饰红釉带纹，下腹饰红白相间的波浪纹。

彩绘陶钫

汉

高44.50厘米，宽20.20厘米，口径边长12.00厘米，底径边长13.10厘米。

方口，束颈，鼓腹，高圈足，盖呈方锥形。饰红、白、黄、黑彩。

彩绘扁嘴陶瓶

汉

高21.50厘米，腹径12.00厘米，底径9.00厘米。

扁口，方唇，直腹，平底，腹部饰白色点状纹。

彩绘陶扁壶

汉

高33.10厘米，宽26.10厘米，口颈10.10厘米。

器体扁平，呈桃形。肩部有对称长方形穿孔。方圈足外撇。饰红、白彩。

彩绘三足弦纹陶釜

汉

高14.20厘米，口径25.30厘米，腹径27.00厘米。

侈口，鼓腹，圜底，三兽足，釜内壁涂朱砂。

彩绘陶盒

汉

高14.30厘米，口径16.10厘米，腹径18.80厘米。

带盖，子母口，弧腹，平底。通体饰红、白、黄变形卷云纹、水波纹和太阳纹，口沿部饰白色宽带纹。

彩绘陶鼎

汉

高17.20厘米，口径15.30厘米，腹径18.90厘米。

子母口，碗形盖，弧腹，三兽足。口沿部有对称的方形立耳，通体饰红、白、黄变形卷云纹、水波纹和太阳纹。

彩绘陶樽

汉

高17.00厘米，直径21.80厘米。

直口，方唇，直腹，平底，三兽足。口沿与底部饰红彩宽带纹，腹部有对称铺首衔环。

陶井

汉

高26.00厘米，口径12.00厘米，底径8.30厘米。

侈口，深腹，弧形壁，平底，瓦形井架上起两面坡房顶。

连珠纹陶桶

汉

高7.20厘米，口颈4.10厘米，腹径4.80厘米，底径2.00厘米。

圆口，方唇，弧腹，平底。唇部有对称双系，颈部饰连珠纹，腹部饰竖棱纹。

陶钵

汉

高6.00厘米，口径11.90厘米。

敞口，弧腹，寰底，钵内底有一道凸弦纹。

彩绘陶耳杯

汉

高3.60厘米，长12.80厘米，宽8.00厘米，底长6.50厘米，宽2.90厘米。

椭圆形口，深腹，弧形壁。口缘两侧各有一个半月形耳，内壁饰朱砂，通体磨光。

龙首柄彩绘陶勺

汉

高6.10厘米，长21.50厘米，口径14.00厘米，底径8.30厘米，柄长7.30厘米。

圆口，直壁，平底，龙首柄，勺内满饰红白彩。

彩绘陶盘

汉

高4.20厘米，口径26.50厘米，底径12.50厘米。

敞口，平沿，斜腹，饼足。口沿饰白彩，盘底饰红、白、黄、蓝彩纹饰。

弦纹陶量

汉

高9.70厘米，口颈10.10厘米，底径10.30厘米。

圆口，直腹，平底。上腹有一圆形鋬手，并饰弦纹。

彩绘陶卧羊尊

汉

高18.30厘米，长41.00厘米，宽13.30厘米。

跪卧状，背上有一短领圆口，圆口前后各有一个长方形穿。饰红、白、黑彩。

彩绘陶牛

汉

长21.60厘米，宽7.70厘米，高11.50厘米。

中空。站立状，二目圆睁，嘴微张，尾巴下垂。饰红、白、黄彩。

陶狗

汉

高11.00厘米，长12.00厘米，宽5.40厘米。

中空。昂首翘尾，前腿直立，后腿曲卧，双耳前搭。

陶猪

汉

长12.90厘米，宽4.60厘米，高7.80厘米。

中空。站立状，双耳、尾巴下垂，背上鬃毛直立。

陶鸽

汉

高11.00厘米，宽5.70厘米，长13.40厘米。

范制，中空。站立状，平首，尾上翘。

彩绘陶鸡

汉

高25.50厘米，长22.00厘米，宽10.00厘米。

范制，中空。站立状，通体饰白彩。

彩绘陶马

汉

高23.60厘米，长28.20厘米，宽9.50厘米。

昂首站立，二目圆睁，双耳前伸，马鬐梳一束立于两耳之间，身附马鞍。饰红、白彩。

彩绘陶杂技俑

汉

高16.60厘米，宽15.60厘米，厚8.70厘米。

头前伸，戴幞头帽，斜嘴瞪眼，双乳突起。双手相抱于腹部，一腿独立，一腿跷起，整个身体向一侧倾斜。通体饰白彩。

彩绘陶母子俑

汉

高14.40厘米，宽7.00厘米，厚7.80厘米。

跪卧状，五官模糊，头包丝巾，身着宽袖长袍，怀抱幼童。饰红、白、黑彩。

彩绘陶伎乐俑

汉

高19.10厘米，宽10.60厘米，厚8.00厘米。

跪坐式，头戴幞头帽，穿宽袖长袍，双手握竽于嘴前。

彩绘陶伎乐俑

汉

高10.70厘米，长9.00厘米，宽6.50厘米。

呈盘座状，头戴风雪帽，面带笑容，右手举起，左手放于左耳。

彩绘双人陶俑

汉

高13.00厘米，长11.00厘米，宽5.00厘米。

双人前后靠坐于方台之上，双头呈亲吻状。通体饰白彩。

彩绘陶俑头

汉

高8.70厘米，长8.40厘米，宽6.00厘米。

五官清晰，方面大耳，头梳双髻。面部饰白彩，头发饰黑彩。

彩绘陶俑头

汉

高9.00厘米，长7.20厘米，宽6.70厘米。

五官清晰，神态安详，大耳，头梳双髻。面部饰红、白彩，头发饰黑彩。

菱形纹陶猪圈

汉

高13.00厘米，长28.00厘米，宽18.50厘米。

长方形，中空。由猪舍、猪圈两部分构成，猪舍有台级可上，台级上饰菱形纹，附有哺乳母猪一头、小猪五头。

鱼纹陶灶

汉

长37.50厘米，宽25.00厘米，高20.50厘米。

长方形，中空，通体磨光。灶台上设灶孔四个，方形烟孔一个，附件陶釜四个。台面饰鱼纹，灶门饰三角纹。

陶多子盒

汉

高7.50厘米，长30.50厘米，宽19.50厘米。

长方形。分成大小不等十五个方形小格，曲尺足。

大泉五十陶钱范

汉

高3.60厘米，长18.20厘米，宽8.30厘米。

长方形，合范。其上有流口，下连“大泉五十”钱模五对。

四系陶罐

西晋

高17.30厘米，口径10.40厘米，腹径19.80厘米，底径9.90厘米。

圆唇，直颈，鼓腹，平底，肩部匀饰四系。

司马泰母志砖

西晋武帝司马炎太康三年（282）

长48.00厘米，宽24.00厘米，厚9.50厘米。

双面阴刻，共106字，砖志最后6句，每句4言，两句一组，每组均押韵。该志已具有墓志的基本特征。

彩绘陶武士俑

隋

高35.70厘米，宽11.80厘米，厚8.50厘米。

呈站立状，头戴战盔，身着战袍，左手呈持握状置于胸前，右手下垂于身体右侧。通体饰红、白、黑彩。

彩绘陶骆驼

隋

高36.20厘米，长33.60厘米，宽12.50厘米。

昂首直立，作嘶鸣状，无峰，背上驮一布囊，四腿修长。

彩绘陶女仕俑

唐开元五年（717）

高24.50厘米，长5.80厘米，宽4.90厘米。

呈站立状，头戴风雪帽，身穿窄袖长袍，系腰带。左手自然下垂，右手握于胸前。通体饰红彩，鼻、眼、帽檐饰黑彩。

彩绘陶女仕俑

唐开元五年（717）

高23.20厘米，宽5.50厘米，厚6.20厘米。

呈站立状，头梳发髻，身穿绿色短袖长衣，白色长裙，身披红纱，双手交叉放于胸前，面部丰满。通体用红、白、绿、黑彩装饰。

彩绘陶胡服俑

唐开元五年（717）

高30.80厘米，长13.00厘米，宽9.70厘米。

呈站立状，头戴黑色幞头帽，身穿翻领窄袖红色长裙，脚穿白色尖靴，腰部右侧有一香囊，双手置于胸前。

彩绘陶胡服俑

唐开元五年（717）

高40.50厘米，长14.00厘米，宽10.20厘米。

呈站立状，面目丰满。头戴高顶卷檐白色毡帽，身穿黑色长袍，脚穿白色尖头靴，腰部右侧有一香囊，双臂曲起于胸前。

彩绘陶骑马俑

唐开元五年（717）

高40.00厘米，长32.00厘米，宽25.20厘米。

马首微侧，直立于踏板之上，背驮一人，头戴黑色幞头帽，身穿黄色翻领窄袖长裙，腰系布囊，脚蹬黑色筒靴，双臂抬起呈持缰状。通体饰红、黑、黄彩。

彩绘陶牵马俑

唐开元五年（717）

高61.00厘米，长17.00厘米，宽19.80厘米。

呈站立状，头戴黑色幞头帽，身穿翻领窄袖长袍，腰系皮囊，脚蹬黑色长筒靴，上身转向一侧，双手抬起置于胸腹间，呈牵握状。

彩绘陶马

唐开元五年（717）

高69.00厘米，长80.00厘米，宽25.00厘米。

呈站立状，昂首微侧，短尾，背驮鞍具，胸戴得胜铃。通体红彩。

彩绘陶牵驼俑

唐开元五年（717）

高62.00厘米，长15.00厘米，宽19.00厘米。

站立于长方形踏板上，胡人形象，头戴尖皮帽，身穿翻领窄袖黄袍，腰系皮囊，脚蹬黑色长筒靴。双手抬起置于胸腹间，呈牵握状。

彩绘陶骆驼

唐开元五年（717）

高83.50厘米，长70.00厘米。

驼身呈黄色，骆驼昂首站立踏板之上。双峰间搭有白色毡垫，上置丝绸、粮袋、酒壶和干肉。

彩绘陶武士俑

唐

高113厘米。

头戴战盔，身穿铠甲，足蹬战靴，立于台座之上，左臂残，右臂握拳于体前侧，气势威严。俑身饰白彩。嘴唇、盔甲饰红彩，下身饰褐彩。

彩绘陶天王俑

唐开元五年（717）

宽49.00厘米，高114.00厘米，厚19.00厘米。

头戴兜鍪，护耳上翻，顶部有一展翅欲飞的朱雀，右手叉腰，左手握拳上扬，身穿明光甲，膊披龙首，腹部有护甲，腰系带，腰下垂膝裙，鹘尾，下缚吊腿，右腿直立踏在卧牛尾部，左腿微曲，踏在卧牛头部，卧牛下为山形座。通体以红、绿、白、黑四色装饰。

彩绘陶天王俑

唐开元五年（717）

高115.00厘米，宽49.00厘米。

头戴朱雀鍪，左手叉腰，右手握拳上扬，身穿明光甲，膊披龙首，腹部有护甲，腰系带，腰下垂膝裙，鹘尾，下缚吊腿，右腿直立踏于卧鹿尾部，左腿微曲踏在卧鹿头上。卧鹿下为山形座。通体以红、绿、白、黑四色装饰。

彩绘陶镇墓兽

唐开元五年（717）

高109.00厘米，宽38.00厘米。

人面，大耳，獠牙外露，怒目圆睁。头上有弯曲双角，脊背有三簇鬃毛，两肩生翅，角毛分叉。前肢直立，挺胸蹲坐于山石之上。通体饰红、白、黑彩。

彩绘陶卧羊

唐

高8.30厘米，长13.10厘米，宽5.30厘米。

前后腿跪卧于腹下，昂首，两目平视，嘴微张。通体饰白彩。

彩绘陶鸭

唐开元五年（717）
高14.00厘米，长14.30厘米，宽8.50厘米。
站立于踏板之上，尾巴上翘，头歪于身体左侧背上，作松羽状。
鸭嘴、腿饰红彩。

彩绘陶鸭

唐开元五年（717）

高19.00厘米，宽18.20厘米，长9.00厘米。

呈站立状，昂首，双翅交叉于背，翅上饰羽毛。嘴、足饰红彩。

三彩盂

唐

口径3.60厘米，腹径7.60厘米，底径4.30厘米。

圆口，斜肩，鼓腹，饼足。肩部饰三彩釉，腹部与底无釉。

青釉四系罐

北魏

高27.50厘米，口径16.00厘米，腹径84.50厘米，底径15.50厘米。

盘口，直颈，圆肩，鼓腹，平底。肩部饰对称四系和铺首。通体施青釉。

青釉瓷杯

北魏

高8.20厘米，口径8.80厘米，底径4.00厘米。

敞口，弧腹，高圈足。通体饰青釉，釉不及底，有流釉现象。

黄釉瓷罐

唐

高19.60厘米，口径5.00厘米，腹径16.20厘米，底径10.50厘米。

圆口，圆唇，溜肩，鼓腹，颈部有一道弦纹，平底。上腹部饰黄釉，以下无釉，有流釉现象。

绞釉瓷枕

唐

高8.00厘米，长15.00厘米，宽11.00厘米。

元宝形，中空，面微凹。通体黄褐釉。枕面上有黄褐釉相间的七个宝相花纹，外饰不规则的绞釉图案。枕底部漏香灰胎，胎质细腻，图案线条流畅。

黄绿釉荷花瓷枕

宋

长29.50厘米，宽22.00厘米，高10.50厘米。

元宝形。枕面上开光以白釉座底，周边及开光内阴刻卷叶纹和荷花图案，施黄绿釉，底部无釉。

《春景》诗文瓷枕

宋

高10.50厘米，长31.50厘米，宽22.50厘米。

元宝形，枕面微凹。通体施绿釉，底部无釉。枕面上有开光，边饰六道阴刻弦纹，开光内行书书写“春景”诗文：“一径二三里，烟村四五家，园林七八处，八九十枝花”。

莲花瓷枕

宋

高7.00厘米，长22.00厘米，宽16.00厘米。

椭圆形，枕面微凹。白色枕面上用褐釉开光，中间椭圆形开光内锐器划出莲花纹饰，四周及底部不施釉。

花草纹虎形瓷枕

金

高9.30厘米，长36.40厘米，宽18.70厘米 。

卧虎状。褐色虎形身上用黑色勾画出各部特征，枕面白底开光，绘制黑色花草纹，底部有黑色楷书“石胡”二字。

白瓷罐

宋

高34.40厘米，口径8.90厘米，腹径20.60厘米，底径9.80厘米。

直颈，平口，圆唇，溜肩，平底略外撇。腹部以上饰白釉，以下无釉，有流釉现象。

青釉瓷罐

宋

高10.10厘米，口径4.80厘米，腹径10.60厘米，盖径7.20厘米。

敛口，溜肩，鼓腹，圈足。器身内外均施釉，釉不及底，釉面有开片。盖内凹，中心有一圆形小孔。

褐彩双系瓷罐

宋

高22.80厘米，口径7.00厘米，腹径17.00厘米，底径12.00厘米。

圆口，圆唇，直颈，溜肩，弧腹，圈足略外撇，颈部有对称桥形系。腹部以上饰白釉，以下饰褐釉，肩、腹部饰褐色花草纹。

双系白瓷罐

宋

高15.10厘米，口径10.70厘米，腹径14.00厘米，底径7.00厘米。

直口，圆唇，直颈，圈足。通体白釉，底无釉。颈部有对称双系。

黑釉四系瓷罐

宋

高15.70厘米，口径3.00厘米，腹径14.00厘米，底径7.50厘米。

侈口，圆唇，直颈，鼓腹，圈足略外撇。颈部有对称四系，底部以上饰黑釉。

青釉印花瓷盘

宋

高5.00厘米，口径23.00厘米，底径8.30厘米。

敞口，卷沿，圈足，斜腹。下腹部至圈足无釉。盘内印花，由弦纹分割为三部分，自中心向外分别为花卉纹，缠枝花草纹、花草和鱼形纹。

青釉瓷盘

宋

高4.50厘米，口径27.30厘米，底径14.70厘米。

侈口，直沿。盘内底无釉，盘沿及外部施青釉。盘内有八个酒盅印迹。

青釉印花瓷碗

宋

高7.30厘米，口径19.50厘米，底径6.10厘米。

直口，卷沿，斜腹，圈足内凹。腹部有多道弦纹，内有压印莲花纹，底无釉。

荷叶盖瓷罐

元

高16.90厘米，口径11.80厘米，腹径15.00厘米，底径7.00厘米。

盖呈荷叶形，罐体为直口，圆唇，鼓腹，圈足。腹部以上饰变色釉，釉不及底。

哥釉瓷瓶

宋

高9.90厘米，口径3.70厘米，腹径7.70厘米，底径4.20厘米。

侈口，束颈，溜肩，鼓腹，圈足。通体饰青釉、通体开片，底部无釉，有流釉现象。

白釉瓷梅瓶

明

高11.80厘米，口径4.80厘米，腹径7.60厘米，底径5.00厘米。

敞口，束颈，鼓腹，圈足。通体饰白釉。

钧瓷碗

明

高9.20厘米，口径20.40厘米，底径5.50厘米。

直口，圆唇，弧壁，平底。通体施青釉，釉不及底，唇部呈铁红色，内壁有两处玫瑰色釉点。

乳钉纹茶托

清

高1.60厘米，口径10.40厘米，底径9.40厘米。

托盘口施黄釉，其它部分施蓝釉。盘心有白底圆形开光，开光内饰红色变形寿字纹，开光外环饰三圈突出乳钉纹。

青花山水瓷罐

清

高17.30厘米，口径19.50厘米，底径13.00厘米。

子母口，圆肩，鼓腹，平底略内凹。通体白釉，上绘青花山水图案。

霁蓝釉瓷洗

清

高13.10厘米，口径25.20厘米，底径11.50厘米。

圆唇，弧壁，平底略凹。内壁饰白釉，外饰霁蓝釉，底无釉。

双系花鸟纹瓷瓶

清

高57.50厘米，口径20.40厘米，腹径23.30厘米，底径17.50厘米。

侈口，圆唇，束颈，斜肩，弧腹，圈足。颈部饰有对称金色双系，一侧绘五彩花鸟纹，一侧诗文。

青花堆粉双系人物瓷瓶

清

高43.20厘米，口径14.70厘米，腹径21.00厘米，底径14.80厘米。

盘口，圆唇，束颈，溜肩，弧腹，圈足略外撇。颈部有对称蓝彩双系，青釉为底，上饰青花福、禄、寿人物图。

花鸟纹瓷盂

清

高31.30厘米，口径21.70厘米，腹径18.00厘米，底径14.50厘米。

盘口，斜颈，鼓腹，圈足外撇。颈部、腹部有开光，内饰树木花鸟图案。

康熙款青花八狮纹瓷瓶

清

高61.50厘米，口径20.50厘米，腹径25.00厘米，底径17.00厘米。

侈口，直颈，溜肩，弧壁，圈足。淡青釉，通体开片，上绘青花八狮嬉戏图。

青釉瓦棱纹瓷罐

清

高13.50厘米，口径15.00厘米，腹径20.20厘米，底径12.20厘米。

直口，圆唇，溜肩，鼓腹，圈足，青釉，通体饰凸棱纹。口沿、足底无釉。

春宫图胭脂瓷盒

民国

高6.20厘米，长8.00厘米，宽6.50厘米。

长方体，分上下两部分，子母口。盖上饰“八仙”之一蓝采和图案，盒底和盖底饰春宫图案。

铜器

铜锛

商

长9.30厘米，宽3.30厘米，厚1.60厘米。

前窄后宽，锛头呈弧形较锋利，銎部饰兽面纹。

有銎铜戈

商

长19.50厘米，宽5.80厘米。

圭形缓，背起脊，直内，内有銎。

父丁纹铜爵

商

高19.50厘米，长17.50厘米，宽7.90厘米，三足高9.30厘米，腹径6.00厘米。

阔流尖尾，帽形双柱，兽面鋬，鋬内有“父丁”铭文，深腹圜底，下承三棱锥形实心足，足尖外撇，腹部饰饕餮纹。

铜凿

西周

高1.90厘米，长12.00厘米，宽1.70厘米。

中空呈锥形，一面平直，一面呈弧形，素面。

兽面纹铜鼎

西周

高14.00厘米，口径15.00厘米，足高5.10厘米。

敞口，方唇，双立耳，三兽足，腹部环饰兽面纹。

铜盘

西周

高10.80厘米，口径25.00厘米，底径19.50厘米。

敞口，方唇，寰底，高圈足外撇，双立耳，腹部饰弦纹。

铜鼎

汉

高14.90厘米，口径14.20厘米，腹径17.90厘米，足高5.00厘米，耳高4.50厘米。

子母口，鼓腹，三蹄足，双立耳，素面。

昭明铜镜

汉

直径9.30厘米，缘厚0.40厘米。

圆钮，四叶纹钮座，外饰八弧连弧纹，其间有“田”、“丁”字符，外圈为十八个篆隶式变体铭文，素沿。

“长宜子孙”双鱼铜洗

汉

高8.40厘米，口径34.20厘米，底径18.00厘米。

敞口，平折沿，直腹，平底，内饰阳线双鱼纹，鱼纹中间有“长宜子孙”四字铭文，外壁下部饰对称双钮。

弦纹铜樽

汉

高13.60厘米，口径17.40厘米，底径17.40厘米。

方唇，深直腹，三兽足，腹部有多道弦纹和对称铺首衔环。

“契刀五百”铜钱

王莽时期

长7.40厘米，直径2.80厘米，刀长4.70厘米。

刀环有篆书“契刀”二字，分列穿孔左右；篆书“五百”二字直列刀身。

“货布”铜钱

王莽时期

长5.80厘米，宽2.40厘米，厚0.15厘米。

面背及穿孔有廓，中竖线止于穿下，“货布”二字作垂针篆列于两侧。

“半两”铜钱

汉

直径3.30厘米，厚0.10厘米。

圆形，孔方，左右有对称篆字“半两”。外轮廓不规整，厚薄不均。

“月宫”铜镜

唐

直径20.60厘米，厚0.50厘米。

菱花形，半球形钮，钮周饰月宫、双飞雀、飞龙和祥云图案。

海兽葡萄铜镜

唐

直径8.20厘米，缘厚1.10厘米。

圆形，兽形钮，分内、外两区，内区浮雕缠枝葡萄纹和海兽纹饰，外区浮雕缠枝葡萄纹，镜外缘为高直窄棱边。

亚字形铜镜

宋

长13.50厘米，宽13.40厘米，缘厚4.00厘米。

亚字形，小钮，素面，宽平缘。

释迦牟尼铜坐像

明

高16.40厘米，长13.10厘米，宽9.60厘米。

面相方圆，袒右肩，披袈裟，结跏趺坐于椭圆形束腰莲花座上。

五子登科铜镜

明

直径25.00厘米，缘厚0.80厘米。

圆形，圆形平顶钮，上铸“湖州薛惠公自造”，四周铸有铭文“五子登科”。

骨器

鸵鸟蛋化石

更新世晚期
高18.00厘米，直径15.00厘米。
椭圆形，通体黄白色，已钙化。

骨针

新石器时代龙山文化时期

残长8.00厘米，最大直径0.90厘米。

圆锥形，通体磨光。

骨箭镞

新石器时代龙山文化时期

长8.00厘米，宽1.10厘米，厚0.80厘米。

箭身呈三菱形，圆柱形铤部，箭体磨光，尖端锋利。

骨箭镞

新石器时代龙山文化时期

长8.60厘米，宽1.10厘米。

三棱形簇身，圆锥形箭铤，通体磨光，箭头锋利。

骨鱼钩

新石器时代龙山文化时期

长3.50厘米，宽0.40厘米，厚0.20厘米。

通体磨光，钩尖锋利，钩柄处有三凹槽，便于绑缚。

蚌刀

新石器时代龙山文化时期

长 8 .00厘米，宽5.00厘米。

长条形，单面弧形刃，不规则背脊部有两个圆形钻孔。

铁器

铁犁铧

汉

长26.00厘米，宽22.00厘米，厚6.00厘米。

呈“V”形，銎拱起中空，两翼开刃，前锋残损，一侧翼缺损。

铁犁铧

唐

长13.50厘米，宽14.50厘米，厚1.60厘米。

呈“凹”字形，底面平直，背面拱起，弧形刃，“U”形銎。

铁钺

唐

长11.00厘米，宽11.50厘米，厚3.00厘米。

长方形钺身，长方形銎，中空，銎口沿有两道弦纹，弧形刃。

书画

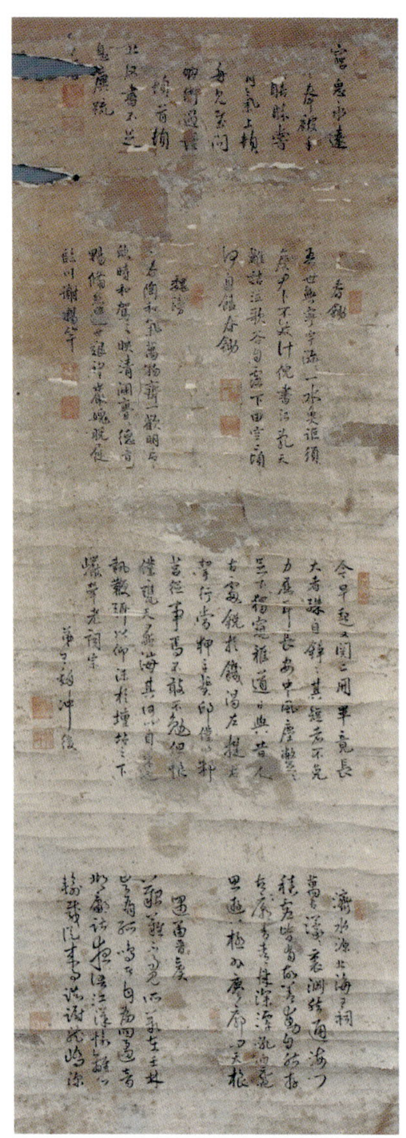

王铎条幅

明末清初

纵122.00厘米，横44.00厘米。

条幅序语之下分为四组，分别为《春锄》、《魏滂》、《济水源北海五祠》、《遇菡晋侯》等。《济水源北海五祠》、《遇菡晋侯》为行草，其余为行楷书写，加盖有15处印章。

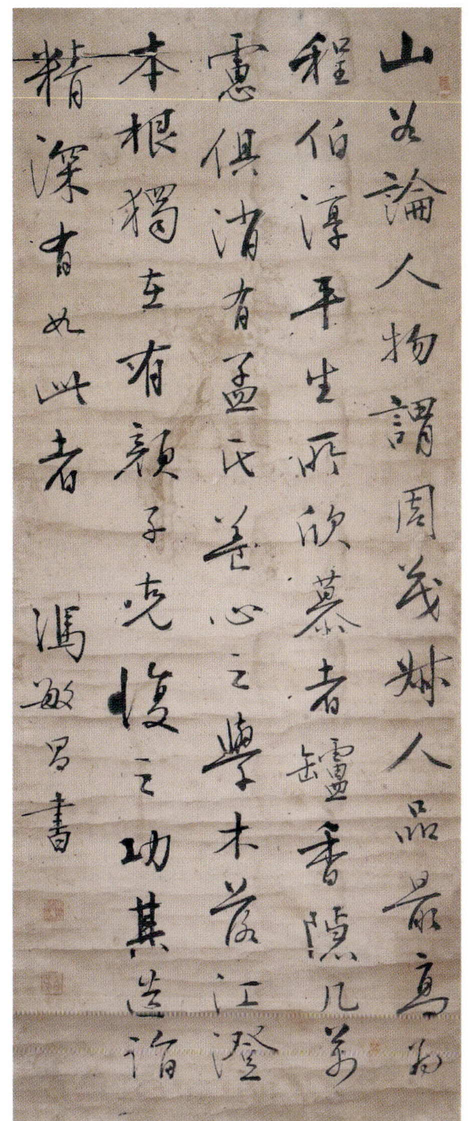

冯敏昌行书中堂

清

纵104.00厘米，横43.00厘米。

纸质，绫装裱，行书体，共五行，落款“冯敏昌书”，加朱文印章。

冯敏昌（1747—1806），字伯求，号鱼山，广东钦州（现为广西钦州）大寺镇马岗村人。工隶书，尝遍游五岳，造巅题壁。画松、竹、兰、卉，苍秀绝俗。

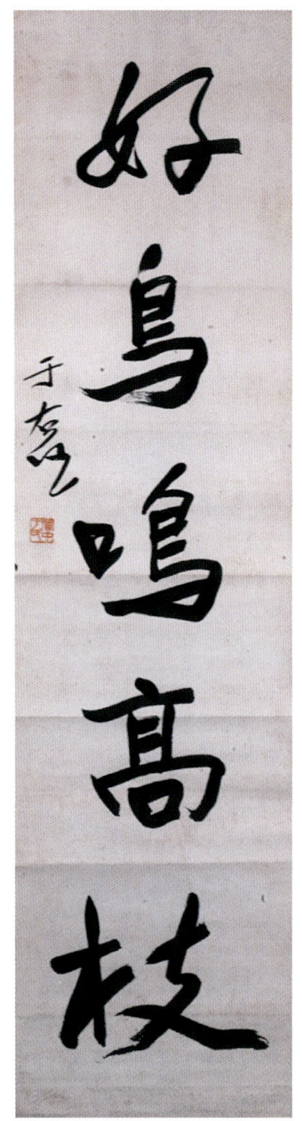

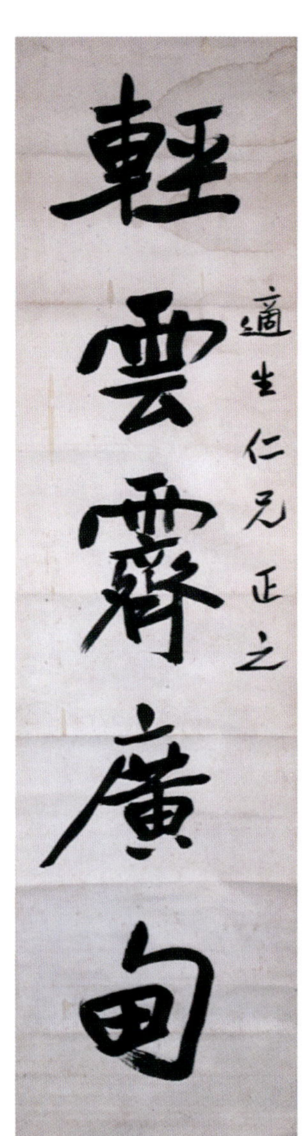

于右任对联

民国

纵141.00厘米，横37.00厘米。

于右任(1879—1964)，诗人、书法家。陕西三原人，原名伯循。清末举人。1906年加入同盟会。辛亥革命前创办《民呼日报》、《民立报》等，积极宣传革命。1922年参与创办上海大学。1927年后历任国民军联军驻陕总司令、陕西省政府主席、国防最高委员会委员等。1949年后去台湾，任台湾“监察院”院长。长于书法、诗词，著有《标准草书》、《右任诗存》、《右任文存》。

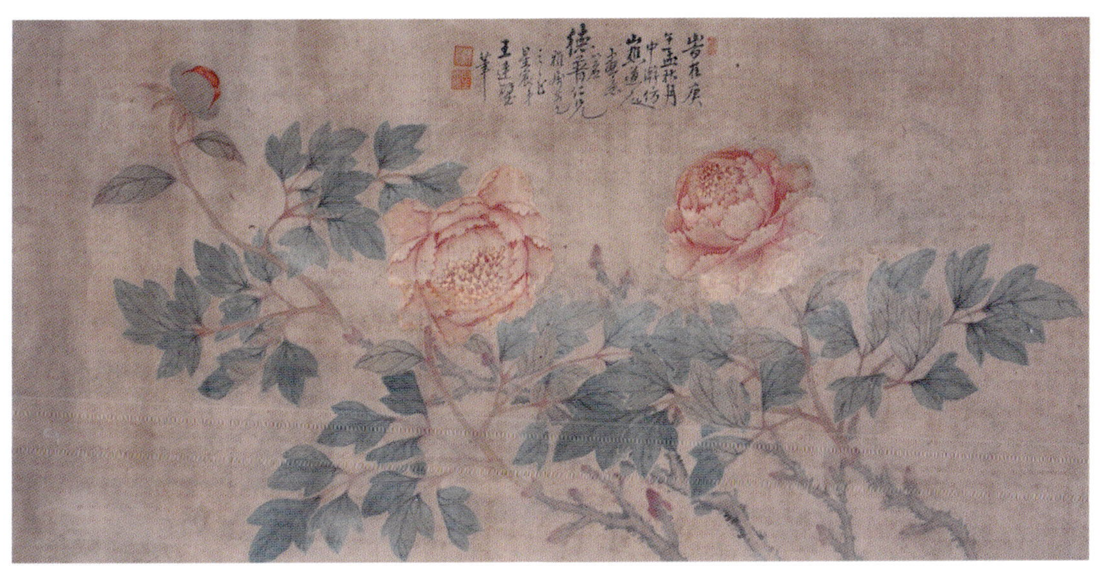

工笔牡丹横批

民国

纵39.00厘米，横79.50厘米。

绢质，工笔画，画幅着色鲜艳，有朱文、白文印章各一枚。

玉器

工字形玉饰

汉

长2.60厘米，宽2.50厘米，厚0.50厘米。

呈“工字形”，素面，玉质细腻，土沁严重。

花鸟纹青玉环

清

外径13.00厘米，内径5.70厘米，厚0.40厘米。

玉石质地，双面阴刻变形鸟纹。

玉镯

清

直径8.00厘米。

青白玉石，一套两件，通体多有沁色。

附录：近现代器物

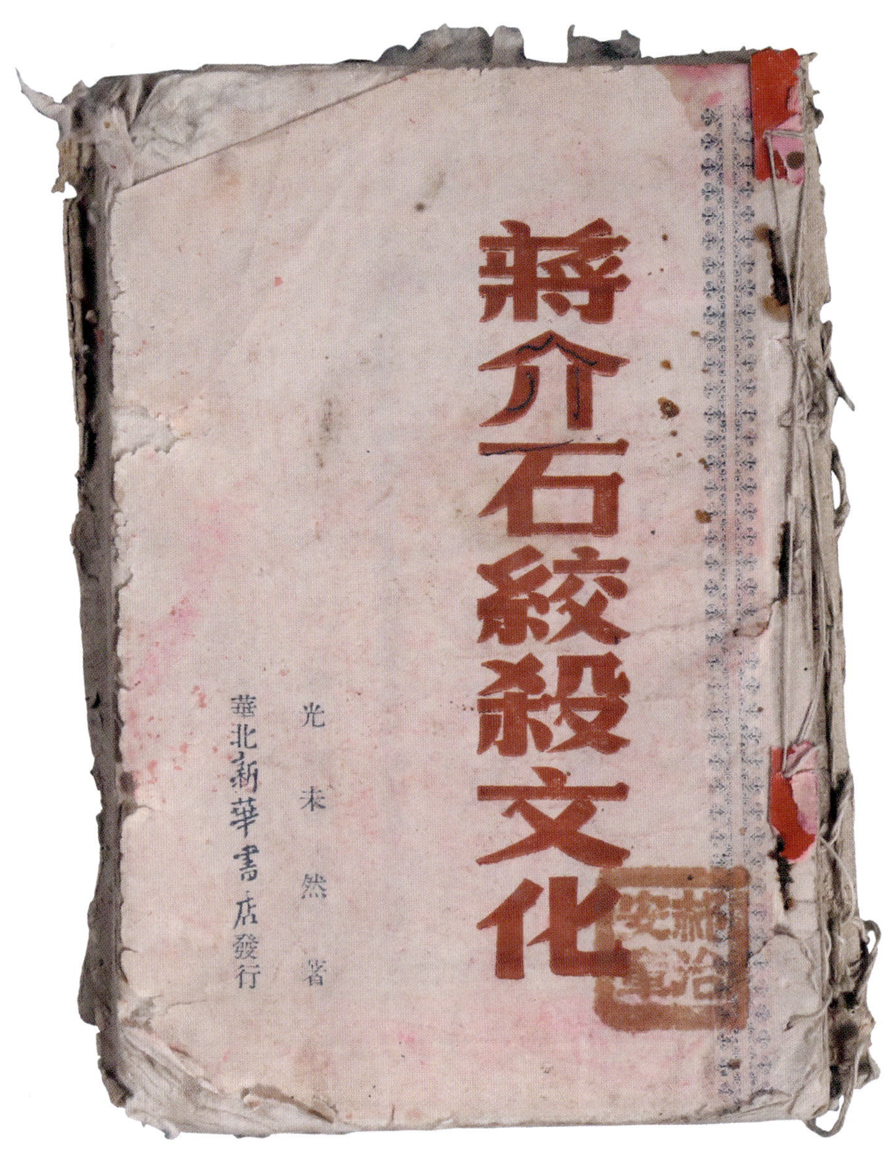

《蒋介石绞杀文化》读物合订本

1947年

长17.50厘米，宽13.00厘米。

线装合订本，纸质。分四部分，第一部分为光未然著的《蒋介石绞杀文化》，民国三十六（1947）九月华北新华书店发行。第二部分为解放区出版的课本，全书共36课。第三部分为解放区出版的时政读本。第四部分为中国历史知识读本。合订本封底毛笔书写“这是从那一个地方查收来的，此书看来有些不顺眼呢，中国国民党万年永存，孟县政府”字样。

北朝鲜“五拾钱”纸币

1947年

长10.20厘米，宽5.60厘米。

纸质，长方形。正面横书“北朝鲜中央银行券”、“五拾钱”、“1947”；背面为朝鲜文。

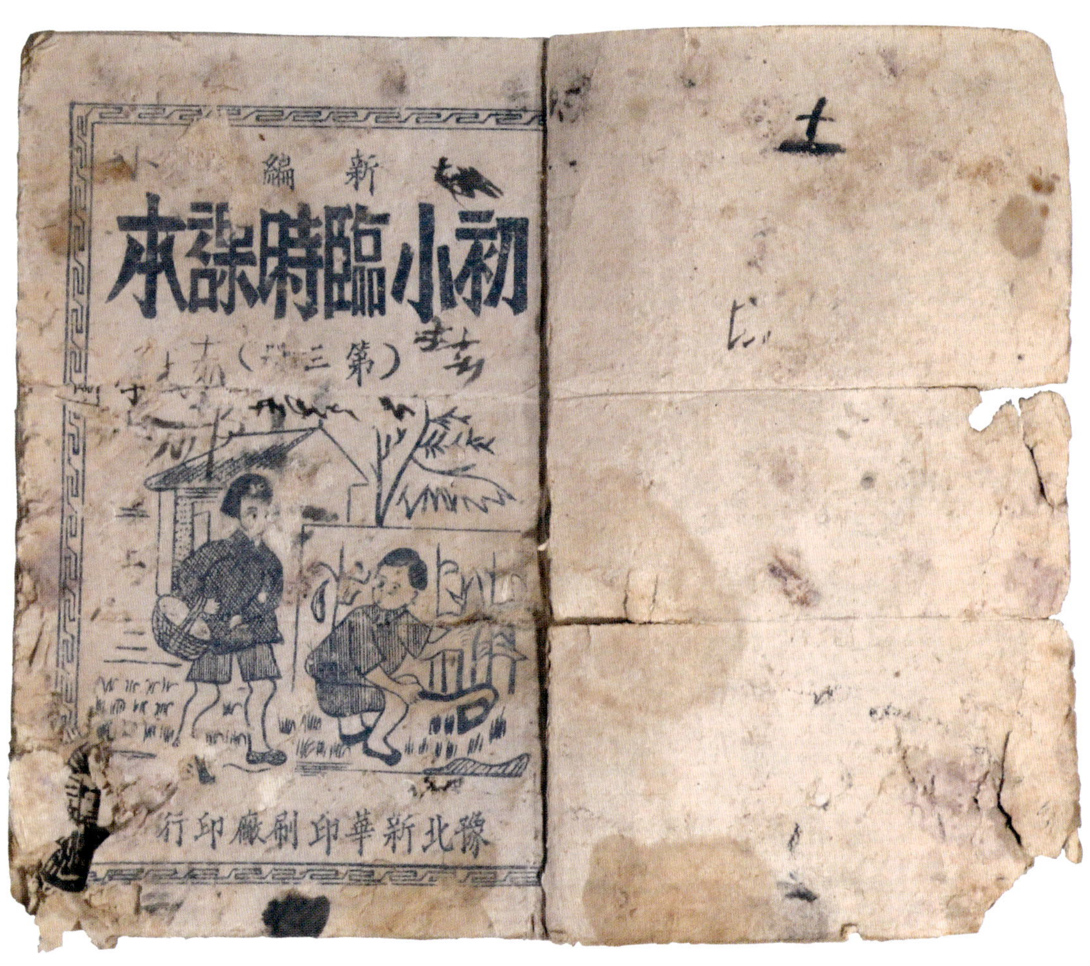

新编初小临时课本

1948年

长17.00厘米，宽11.50厘米。

纸质，长方形。为小学二年级上期语文课本，共37课，繁体印刷。教材审定者为晋冀鲁豫边区政府教育厅，1948年4月25日豫北新华印刷厂印行。

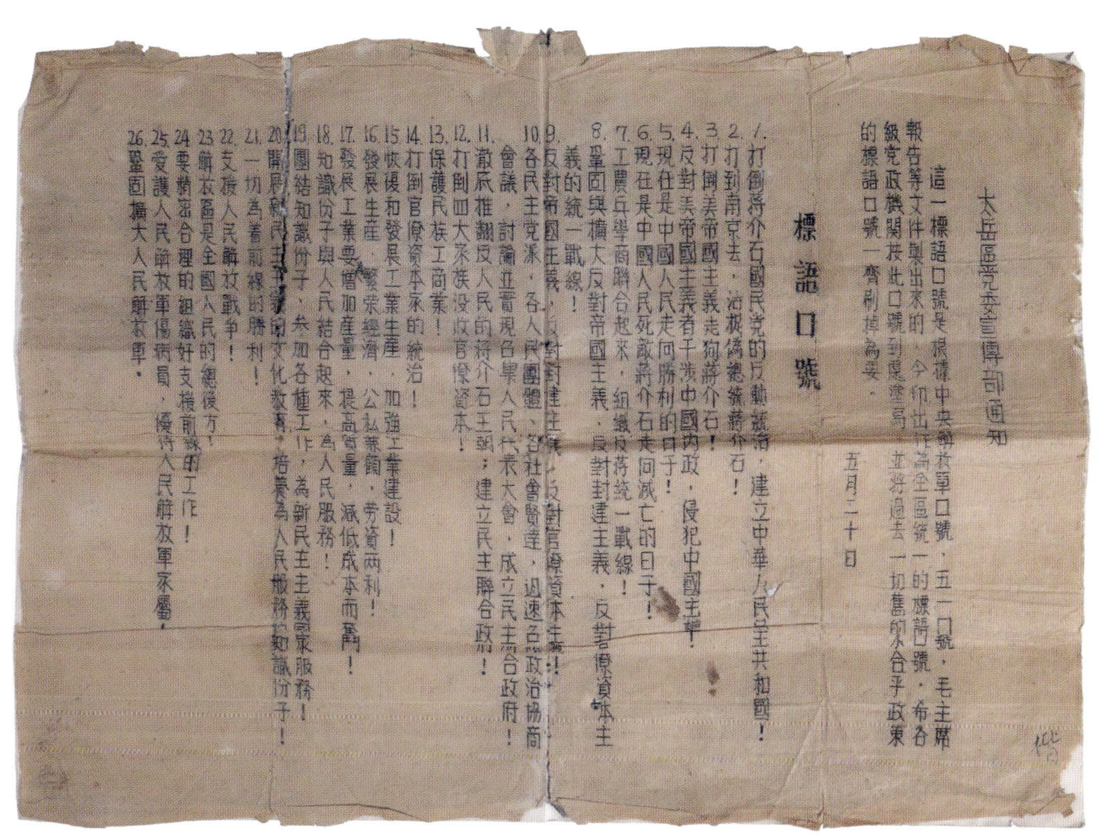

太岳區党委宣傳部通知

這一標語口號是根據中央解放軍口號，五一口號，毛主席報告等文件製出來的，今印出作為全區統一的標語口號，希各級党政機關接此口號到處塗寫，並將過去一切舊的不合乎政策的標語口號一齊刷掉為要。

五月二十日

標語口號

1. 打倒蔣介石國民党的反動統治，建立中華人民民主共和國！
2. 打到南京去，活捉偽總統蔣介石！
3. 打倒美帝國主義走狗蔣介石！
4. 反對美帝國主義者干涉中國內政，侵犯中國主權！
5. 現在是中國人民走向勝利的日子！
6. 現在是中國人民死敵蔣介石走向滅亡的日子！
7. 工農兵學商聯合起來，組織反蔣統一戰線！
8. 鞏固與擴大反對帝國主義，反對封建主義，反對官僚資本主義的統一戰線！
9. 反對帝國主義，反對封建主義，反對官僚資本主義！
10. 各民主党派，各人民團體，各社會賢達，迅速召開政治協商會議，討論並實現召集人民代表大會，成立民主聯合政府！
11. 徹底推翻反人民的蔣介石王朝；建立民主聯合政府！
12. 打倒四大家族沒收官僚資本！
13. 保護民族工商業！
14. 打倒官僚資本家的統治！
15. 恢復和發展工業生產，加強工業建設！
16. 發展生產，繁榮經濟，公私兼顧，勞資兩利！
17. 發展工業要增加產量，提高質量，減低成本而贏！
18. 知識份子與人民結合起來，為人民服務！
19. 團結知識份子，參加各種工作，為新民主主義國家服務！
20. 開展新民主主義的文化教育，培養為人民服務的知識份子！
21. 一切為着前線的勝利！
22. 支援人民解放戰爭！
23. 解放區是全國人民的總後方！
24. 要精密合理的組織好支援前線的工作！
25. 愛護人民解放軍傷病員，優待人民解放軍家屬。
26. 鞏固擴大人民解放軍。

太岳区党委宣传部通知

1948年

长36.00厘米，宽26.50厘米。

太岳区党委宣传部印制，纸质，长方形。钢板刻写油印，仿宋字体，纵35行，满行25字，内有标语口号26条。该口号根据中央解放军口号、“五一”口号、毛主席报告等拟定。

“渡江胜利”纪念章

1949年

直径3.10厘米，厚0.1厘米。

铜质，圆形。正面图案是：波涛滚滚的江面上排列着扬帆的战船，英勇的人民解放军战士，手持钢枪随时准备登上江南大地。背面铸有“中国人民解放军华东军区颁发，一九四九年四月二十一日”字样。

淮海战役纪念章

1949年

直径3.10厘米，厚0.1厘米。

圆形，铜质，无挂。正面中心为两支交叉的带刺刀的步枪，上为闪着光芒的红星，下有“淮海战役纪念”铭文。背面铸有：“中国人民解放军华东军区颁发，一九四九年一月十日。”

入黨志願書

部別 政衛連

職別 戰士

姓名

中國人民解放軍第三野戰軍第十兵團政治部組織部製

入党志愿书

1949年

长13.00厘米，宽9.50厘米。

纸质，长方形，对折八页。封面上方为红、黑彩印党旗及解放军形象等。下方为入党志愿书以及部别、职别、姓名、印制单位等内容。内页分别登录入党人及家庭的基本情况；入党介绍人、党小组、党支部、党委的意见；入党人转为正式党员的相关内容；入党誓词、入党时间、宣誓人的签名等。

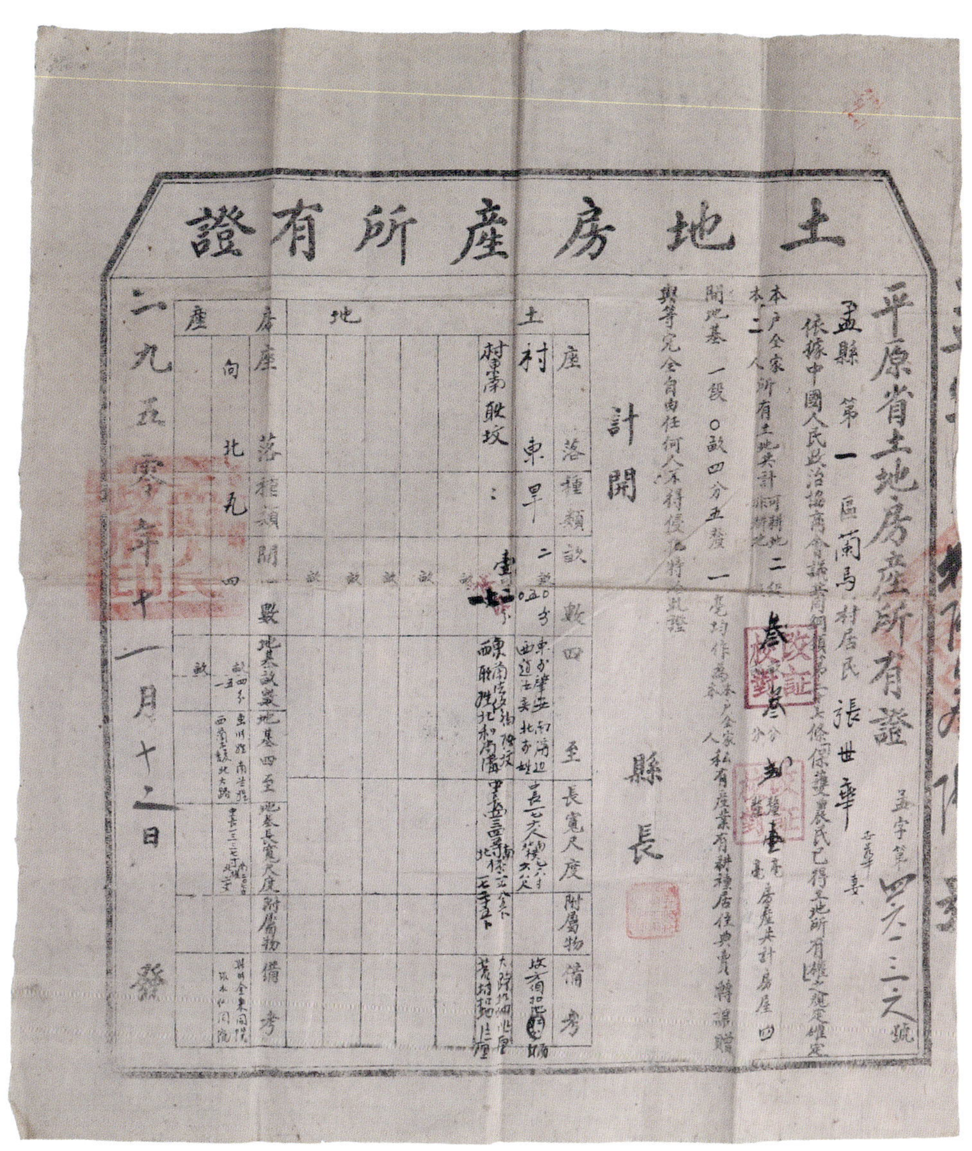
土地房產所有證

平原省土地房產所有證

計開

縣長

一九五零年十一月十二日　發

土地房产所有证

1950年

长32.70厘米，宽31.50厘米。

长方形，棉纸楷体印制。最上方横印“土地房产所有证”，下方竖行楷体15行。首行印“平原省土地房产所有证”（孟字第四六一三六号）字样；正文详细登记持证人所有的耕地、房产面积，四至，长宽尺寸及附属物等情况。落款处和骑缝处盖有方形孟县人民政府大印。

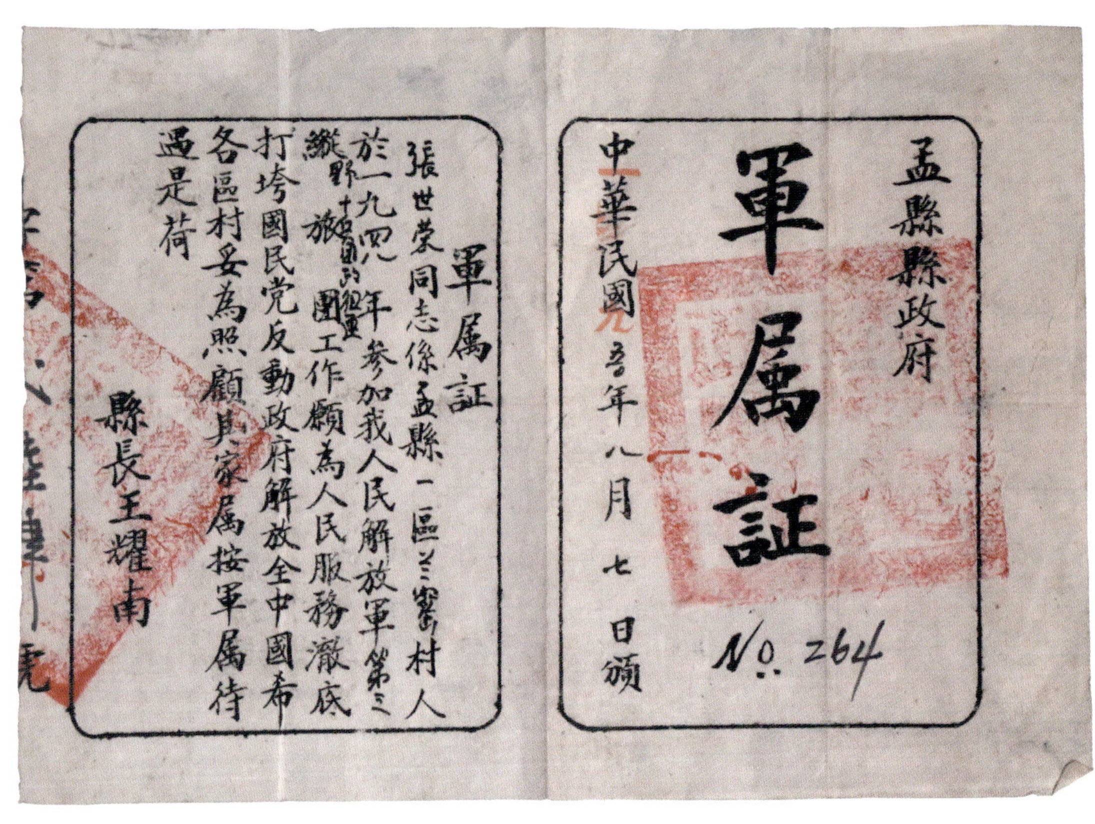

孟縣縣政府

軍屬証

中華民國三九年八月七日頒

No. 264

軍屬証

張世榮同志係孟縣一區三窑村人於一九四八年參加我人民解放軍第三縱野十[illegible]旅[illegible]團工作願為人民服務澈底打垮國民党反動政府解放全中國希各區村妥為照顧其家屬按軍屬待遇是荷

縣長王耀南

军属证

1950年

长8.80厘米，宽13.10厘米。

长方形，对开折页。首页印“孟县县政府”、“军属证”等字样，以及编号和日期，盖有“县人民政府印”。次页印持证人籍贯、入伍时间、所在部队番号，以及“县长王耀南”等字样，加盖“孟县人民政府印”骑缝章。

农具底账

20世纪50年代

长19.00厘米，宽11.00厘米。

纸质，长方形，线装。封面有竖写农具底账和生产二社字样，盖椭圆形“孟县四区龙台乡第二农业生产合作社”印章。内容记录该社社员入社时的农具数量和作价情况。

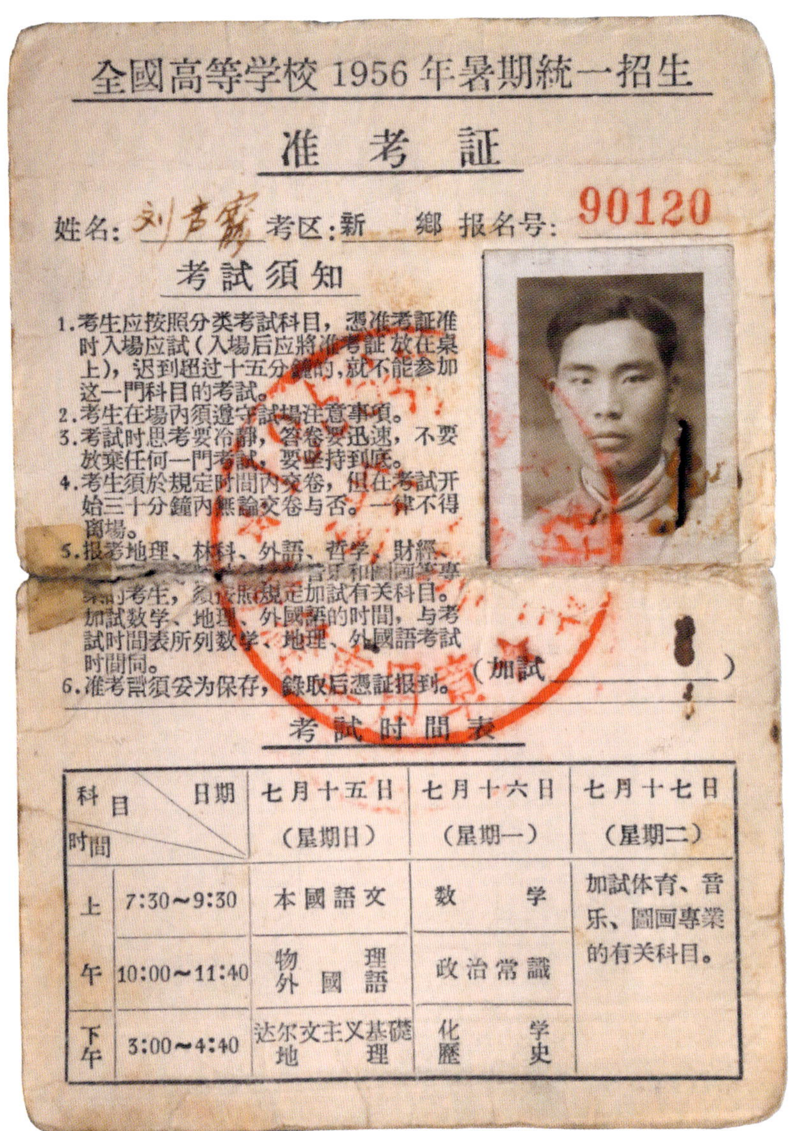

全國高等学校1956年暑期統一招生

准考証

姓名：刘吉宠 考区：新 鄉 报名号：90120

考試須知

1.考生应按照分类考試科目，憑准考証准时入場应試（入場后应將准考証放在桌上），迟到超过十五分鐘的，就不能参加这一門科目的考試。
2.考生在場内須遵守試場注意事項。
3.考試时思考要冷靜，答卷要迅速，不要放棄任何一門考試，要堅持到底。
4.考生須於規定时間内交卷，但在考試开始三十分鐘内無論交卷与否。一律不得离場。
5.报考地理、林科、外語、哲学、財經、[illegible]音乐和圖画等專業的考生，須按照規定加試有关科目。加試数学、地理、外國語的时間，与考試时間表所列数学、地理、外國語考試时間同。
6.准考証須妥为保存，錄取后憑証报到。

（加試 ）

考試时間表

科目 / 日期 / 时間		七月十五日（星期日）	七月十六日（星期一）	七月十七日（星期二）
上午	7:30～9:30	本國語文	数学	加試体育、音乐、圖画專業的有关科目。
	10:00～11:40	物理 外國語	政治常識	
下午	3:00～4:40	达尔文主义基礎 地理	化学 歷史	

准考证

1956年

长13.50厘米，宽9.50厘米。

纸质，长方形，正反两面，横排铅印。该证全称为“全国高等学校1956年暑期统一招生准考证”，考生为刘吉宠，考区是新乡。

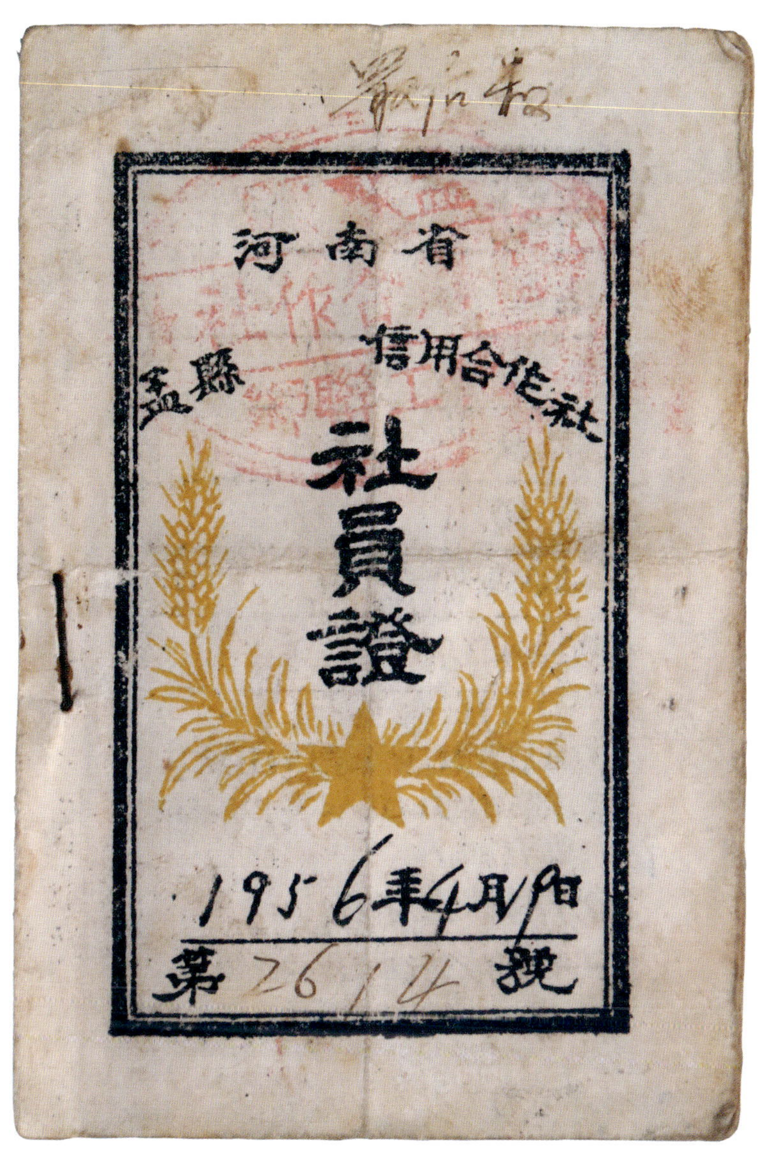

刘老虎社员证

1956年

长10.50厘米，宽7.20厘米。

纸质，长方形，共四页。该证全称为“河南省孟县信用合作社社员证”， 1956年由孟县信用合作社化工联乡发放。记录了社员刘老虎的个人信息、社员义务、社员权利和加入农村合作社的意义等。

后 记

孟州地处河南省西北部，北依太行，南滨黄河，四季分明，气候宜人。作为中华民族和华夏文明的重要发祥地之一，孟州历史悠久，地灵人杰，先贤辈出，是唐宋八大家之首韩愈的故里。我们的先人在这里生活、繁衍，用他们的勤劳和智慧创造了文化，创造了文明，取得了丰富的成果。随着时代演变和社会进步，这些文明成果在很大程度上凝结在文物之上。

孟州文物遗存星罗棋布，名胜古迹众多。据全国第三次文物普查结果，孟州市有不可移动文物1400多处，文物遗迹600余处，有国家级文物保护单位2处，省级文物保护单位6处，市级文物保护单位54处，各类馆藏文物2914件（套）。

国泰民安，盛世修志。为了进一步开掘孟州的历史文化资源，满足人民群众的文化需求，使文物在传承中华文明，弘扬民族文化中发挥更大作用，孟州市博物馆编辑出版这册《孟州文物图鉴》。

《孟州文物图鉴》的出版，是孟州市博物馆全体同志努力的结果，是孟州几代文物工作者智慧和劳动的结晶。本书的编撰出版得到了孟州市委、市政府有关领导的大力支持，在编写过程中，我们参考了省内外及焦作市有关专家的一些成果，借鉴了《河南文物》、《焦作市文物志》、《孟州文物》等书，在此一并表示感谢。

由于时间仓促，加上编者水平所限，《孟州文物图鉴》中出现的错讹和纰漏在所难免，敬请各位方家、读者批评指正。

《孟州文物图鉴》编委会

2018年6月

《汉语成语小词典》

实用	与现行新课标语文教材紧密结合，完全针对学生语文学习编写、提炼。
丰富	收录常用成语4000余条，将成语的褒贬义、释义、出处、近义、反义、例句和辨析等相关功能有机结合，一书九用，有效解决了学习中的难点。
准确	释义简洁而准确，深入浅出，最大限度方便读者理解和运用。
生动	图文并茂，鲜明生动，配有8幅彩图，近100幅插图，近100个成语接龙，有助于提高学生的阅读兴趣。
便捷	完全针对学生读者的使用而编写，检索方便快捷，学习效率进一步提高。
权威	经多位权威专家审核，确保了本书的严谨、准确、科学。

唐文辞书官网：www.tangwen100.com
唐文图书专营店：tangwents.tmall.com

ISBN 978-7-5539-5010-5

9 787553 950105 01>

读者服务热线：0355-5882268

定价：15.00元

一书九用

汉语成语小词典

19年畅销品牌

湖南教育出版社

五次修订 19年畅销品牌

HANYU CHENGYU XIAO CIDIAN

汉语成语小词典

温端政 主编

湖南教育出版社